AUTORES:

JOSÉ MARÍA CAÑIZARES MÁRQUEZ
CARMEN CARBONERO CELIS

COLECCIÓN: MANUALES PARA PADRES SOBRE ACTIVIDAD FÍSICA, SALUD Y EDUCACIÓN EN LOS NIÑ@S

ANATOMÍA Y FISIOLOGÍA BÁSICAS EN EL NIÑO

COLECCIÓN MANUALES PARA PADRES SOBRE ACTIVIDAD FÍSICA, SALUD, Y EDUCACIÓN EN LOS NIÑ@S

ANATOMÍA Y FISIOLOGÍA BÁSICAS EN EL NIÑO

José Mª Cañizares Márquez

- Catedrático de Educación Física
- Tutor del Módulo del Practicum del Master de Secundaria
- Especialista en preparación de opositores
- Autor de numerosas obras sobre Educación y Preparación Física

Carmen Carbonero Celis

- D. E. A. en Instituciones Educativas
- Licenciada en Pedagogía
- Maestra de Primaria y Secundaria en centros de Educación Compensatoria
- Didacta del Módulo de Pedagogía General en el CAP
- Profesora de Pedagogía Terapéutica en Centro Educación Primaria
- Autora de varias obras sobre Educación Primaria y Secundaria

Título: ANATOMÍA Y FISIOLOGÍA BÁSICAS EN EL NIÑO
Autores: José Mª Cañizares Márquez y Carmen Carbonero Celis
Editorial: WANCEULEN EDITORIAL

Sello Editorial: WM EDICIONES

Dirección Web: www.wanceuleneditorial.com, www.wanceulen.com,

Email: info@wanceuleneditorial.com

I.S.B.N. (PAPEL): 978-84-9993-556-0

I.S.B.N. (EBOOK): 978-84-9993-580-5

©Copyright: WANCEULEN S.L.

Primera Edición: Año 2017

Impreso en España

WANCEULEN S.L. C/ Cristo del Desamparo y Abandono, 56   41006 SEVILLA

Reservados todos los derechos. Queda prohibido reproducir, almacenar en sistemas de recuperación de la información y transmitir parte alguna de esta publicación, cualquiera que sea el medio empleado (electrónico, mecánico, fotocopia, impresión, grabación, etc), sin el permiso de los titulares de los derechos de propiedad intelectual. Cualquier forma de reproducción, distribución, comunicación pública o transformación de esta obra solo puede ser realizada con la autorización de sus titulares, salvo excepción prevista por la ley. Diríjase a CEDRO (Centro Español de Derechos Reprográficos, www.cedro.org) si necesita fotocopiar o escanear algún fragmento de esta obra.

ÍNDICE

INTRODUCCIÓN 7

1. ANATOMÍA HUMANA IMPLICADA EN LA ACTIVIDAD FISICA. 9

    1.1. Sistema Osteoarticular. 9

    1.2. Sistema Muscular. 10

        1.2.1. Estructura del músculo esquelético. 11

        1.2.2. Localización grandes grupos musculares. 12

    1.3. Aparato Respiratorio. 12

    1.4. Sistema Cardiovascular. 12

    1.5. Sistema Nervioso. 13

2. FISIOLOGÍA HUMANA IMPLICADA A LA ACTIVIDAD FÍSICA. 14

    2.1. Metabolismo muscular. Fuentes energéticas para la actividad física. 14

    2.2. La respiración. 14

    2.3. El corazón. Recorrido sanguíneo y ritmo cardiaco. 15

    2.4. La contracción muscular. 15

        2.4.1. Tipos de trabajo muscular. 16

        2.4.2. Funciones de los músculos. 16

    2.5. Efectos que produce la actividad física en la anatomía y fisiología humanas. 17

3. PATOLOGÍAS RELACIONADAS CON EL APARATO MOTOR. EVALUACIÓN Y TRATAMIENTO EN EL PROCESO EDUCATIVO. 18

    3.1. Relación del currículo con la anatomo-fisiología y la actividad física saludable. 18

    3.2. Tipos de patologías. 20

    3.3. Patologías relacionadas con la postura corporal. 21

    3.4. Lesiones más habituales referidas con el aparato motor. 23

CONCLUSIONES 24

BIBLIOGRAFÍA 24

WEBGRAFÍA 27

INTRODUCCIÓN.

El **conocimiento** anatómico y fisiológico humano es imprescindible para el docente especialista en Educación Física habida cuenta que el alumnado debe saber cómo es su propio cuerpo, los beneficios de la actividad física, etc.

No olvidemos que el Área de Educación Física tiene en el cuerpo y el movimiento los ejes básicos de su acción educativa.

"La adquisición de hábitos de vida saludable que favorezcan un adecuado bienestar físico, mental y social", así como *"la utilización responsable del tiempo libre y del ocio, así como el respeto al medio ambiente"*, son capacidades prioritarias a conseguir durante la etapa (D. 97/2015).

A lo largo del Tema veremos en su primera parte la anatomía, es decir, la estructura física del organismo y su intervención en la actividad física escolar. En la segunda parte trataremos la fisiología, o lo que es lo mismo, de qué forma actúan los distintos aparatos y sistemas orgánicos.

Ya en la tercera estudiaremos las enfermedades que afectan al aparato motor y cómo las podemos valorar y atender durante nuestra acción educativa. También cómo debemos actuar en caso de observar alguna de ellas.

1. ANATOMÍA HUMANA IMPLICADA EN LA ACTIVIDAD FISICA.

Para la elaboración de la totalidad de este punto seguimos, fundamentalmente, a Bravo (1998), Ruiz (2000), Comes -coord.- (2000), Navas -coord.- (2001), Barbany, (2002), González Badillo y Gorostiaga (2002), Guillén y Linares -coords.- (2002), Lloret (2003), Gómez Mora (2003), Torres (2005), Meri (2005), Guillén -coord- (2005), Rigal (2006), Piñeiro (2006a), Piñeiro (2006b), Piñeiro (2007), Ayuso (2008), Lara (2008), González Iturri y otros (2009) y Calderón (2012).

Anatomía es la ciencia que estudia la constitución, forma o morfología del cuerpo humano. El aparato locomotor es un conjunto de órganos y estructuras destinados, sobre todo, a realizar los movimientos y a mantener la postura en los seres vivos.

1.1. SISTEMA OSTEOARTICULAR.

Al nacer, nuestro esqueleto es cartilaginoso, aunque el desarrollo hace que se vaya sustituyendo por tejido óseo.

El esqueleto está compuesto por un conjunto de **huesos** unidos entre sí a través de las **articulaciones**, que son los componentes pasivos del aparato locomotor. Los huesos son las palancas del mismo y también asumen la función de contener y proteger los órganos más delicados (S.N.C., corazón y pulmones) y de producir glóbulos rojos en la médula ósea, dan estructura al cuerpo, y almacenan minerales (Ca, P, Na, Mg.). Por todo ello es necesario que tengan rigidez y ésta le viene dada por su composición química, a base de materia inorgánica y proteica.

En cuanto a su **proporción** hay tres grandes grupos de huesos:

- **Largos**, como fémur, tibia y radio.
- **Cortos**, por ejemplo vértebras y tarso.
- **Planos**, como pelvis y cráneo.

Los principales huesos, divididos por **zonas anatómicas**, los resumimos así:

- **Cráneo**: frontal, occipital, parietal, entre otros.
- **Cara**: mandíbula, vómer, maxilar superior e inferior, entre otros.
- **Columna**: vértebras cervicales, dorsales, lumbares, sacras y coccígeas.
- **Cintura escapular**: clavícula, escápula y esternón.
- **Extremidad superior**: húmero, radio, cubito, huesos del carpo, metacarpianos y falanges.
- **Cintura pelviana**: sacro, ilíaco, entre otros.
- **Extremidad inferior**: fémur, tibia, peroné, huesos del tarso, metatarsianos y falanges.

Las **articulaciones** o coyunturas son las superficies de contacto entre dos o más huesos, junto a otros elementos (ligamentos, y cartílagos, entre otros) que protegen, refuerzan e irrigan, con el líquido sinovial, esta unión.

Se clasifican por el **grado de movilidad** que poseen:

- **Diartrosis**. Son las que tienen más movilidad: rodilla, codo, etc.
- **Anfiartrosis**. Son semi móviles, por ejemplo las vértebras.
- **Sinartrosis**. Carecen de movilidad, como las del cráneo.

Poseen tres grandes **funciones**:

- **Estática**. Soportan el peso corporal y permiten al esqueleto ser un conjunto elástico.
- **Dinámica**. Permiten el movimiento de los huesos entre sí.
- **Crecimiento**. Las del cráneo (suturas), permiten el crecimiento del hueso y desaparecen cuando éste termina.

1.2. SISTEMA MUSCULAR.

Compuesto principalmente de fibras contráctiles cilíndricas. Los músculos esqueléticos son la parte **activa** del movimiento y tienen la propiedad de **contraerse** como respuesta a la **estimulación** nerviosa (Gutiérrez, 2015). Además poseen otras funciones como la de sostén de los elementos anatómicos, mantenimiento de la postura, la respiración, movilización del flujo sanguíneo, etc. Viene a constituir el 45 % del peso corporal del adulto. Comprende a más de 600 unidades, siendo 75 pares los que intervienen en la postura y movimiento corporal.

El músculo esquelético humano no es un tejido uniforme, sino que está compuesto por distintos conjuntos de fibras que pueden ser investigadas por sus diferencias histoquímicas, bioquímicas, morfológicas y fisiológicas (Cuadrado, Pablos y Manso, 2006). Nos centramos en los **dos tipos clasificatorios** más conocidos.

1.- Según las **características** de su tejido, destacamos a:

    a) Músculos de **fibra lisa**. Tienen una función automática e involuntaria y se encuentran en el estómago, vísceras, etc. Son de contracción lenta y no pertenecen al sistema locomotor.

    b) Músculos de **fibra estriada**. Se llaman así porque, observados al microscopio, se observan sus estrías. Son de contracción rápida y para su movimiento dependen de la voluntad del individuo, excepto el cardiaco. Señalamos a:

        b.1) Músculo **cardiaco**. De contracción involuntaria, pero depende del sistema nervioso y de la psiquis.

        b.2) Músculo **esquelético**. Se llaman así por estar conectados directamente al esqueleto. Están inervados por los nervios espinales y se hallan bajo regulación voluntaria. Sus funciones son el movimiento corporal y el mantenimiento de la postura.

2.- Por su **coloración**, se clasifican en tres grupos:

    a) Fibra ST (Tipo I o fibras **rojas**). De contracción lenta y muy resistentes.

    b) Fibras FT (Tipo II o fibras **blancas**). Contracción rápida y explosiva.

    c) Fibras mixtas o tipo **intermedio**. Combinación de las dos anteriores.

Lo habitual es que cada músculo tenga todos los tipos de fibra, aunque en proporciones distintas según el individuo, grupo muscular o sección del mismo (Cuadrado, Pablos y García, 2006).

1.2.1. ESTRUCTURA DEL MÚSCULO ESQUELÉTICO.

El músculo tiene como unidad anatómica a la célula o fibra muscular. Está integrado por tres componentes:

MUSCULAR	CONJUNTIVO	OTROS ELEMENTOS
Fibra estriada.	Cumple funciones mecánicas (propiedad elástica), de recubrimiento y protección.	Vasos sanguíneos, conductos linfáticos y nervios.

En cuanto a su **forma**, presenta el **vientre** (zona central) y los **tendones**, que son las formaciones terminales y se insertan en las zonas óseas extremas para su fijación al hueso.

En cuanto a su **estructura**, matizamos de forma resumida que cada músculo es una organización compleja formada por un número elevado de fibras musculares, que a su vez está compuesta por una cantidad variable de **miofibrillas**, o elementos contráctiles de las células musculares, y, por tanto, de menor tamaño y grosor. Las miofibrillas son cilíndricas y alargadas, con estrías, y resultan de la repetición de un número indeterminado de **sarcómeros**, cada uno de éstos delimitados entre dos líneas Z. El sarcómero es la unidad básica de la contracción muscular, la cual se produce gracias al **deslizamiento** de los filamentos proteicos de **actina** y **miosina**. Cada fibra se encuentra rodeada por una membrana de tejido conjuntivo llamada **endomisio**. A su vez, cada grupo de fibras, que se encuentra rodeado por una misma membrana exterior o **perimisio**, constituyen los fascículos musculares. Todos los músculos están formados por diferentes fascículos que se encuentran dentro de una capa externa de tejido conectivo llamada **epimisio**. Todo ello se concentra y prolonga con el **tendón** que une el músculo al hueso (Balius y Pedret, 2013).

1.2.2. LOCALIZACIÓN GRANDES GRUPOS MUSCULARES.

Al igual que hicimos con los huesos, nombramos a los grandes grupos musculares:

CLASIFICACIÓN	LOCALIZACIÓN	MÚSCULOS
M. de la cabeza	Cara anterior	Frontal, nasales, maseteros...
M. del cuello		Esternocleidomastoideo, escalenos
M. del tronco	Cara anterior	Pectorales, serratos, intercostales, oblicuos, recto mayor
	Cara posterior	Trapecios, dorsal ancho
M. de la cavidad torácica		Diafragma
M. extremidad superior	Hombro	Deltoides y redondos
	Brazo	Bíceps, braquial y tríceps
	Antebrazo	Pronadores, supinadores, palmares, flexores y extensores de los dedos
	Mano	Músculos cortos
M. extremidad inferior	Región pélvica	Glúteos, psoas ilíaco
	Muslo	Sartorio, abductores, aductores, cuádriceps, bíceps
	Pierna	Tibial, flexor y extensor de los dedos, gemelos y soleo
	Pie	Músculos cortos

1.3. APARATO RESPIRATORIO.

Tiene la misión de mantener una corriente de aire en los pulmones, en los que la sangre recibe oxígeno y elimina CO_2 mediante los movimientos de inspiración y espiración, circulación sanguínea e intercambio gaseoso.

La parte conductora del aparato respiratorio comienza por la nariz, sigue por la cavidad nasal (circunstancialmente también por la boca), faringe, laringe, tráquea y bronquios, terminando en los pulmones a través de los alvéolos.

Cada alvéolo tiene una finísima pared, rodeada por una tupida red de capilares sanguíneos, por los que circulan los hematíes que serán los "transportistas del oxígeno".

1.4. SISTEMA CARDIOVASCULAR.

Compuesto por el corazón y los vasos sanguíneos (venas, arterias y capilares). Es el encargado de suministrar un adecuado riego a todo el organismo. Se adapta constantemente a todos los esfuerzos y diferentes demandas sanguíneas del cuerpo.

- **Corazón**

Estructuralmente es un músculo hueco con cuatro cavidades: dos superiores o aurículas y dos inferiores o ventrículos. Cada aurícula comunica con su respectivo ventrículo -de forma vertical- a través de una válvula que permite el paso de la sangre hacia abajo, pero no al contrario. Existen dos circulaciones distintas. La **mayor** y la **menor**. Está constituido por tres capas: **endocardio** o membrana interna que está en contacto con la sangre, **miocardio** o pared muscular intermedia y **pericardio**, que es la membrana fibrosa que rodea externamente al corazón.

- **Arterias**

    Son conductos elásticos por los que circula sangre ya oxigenada, excepto la arteria pulmonar. Se ramifican hasta diminutos capilares que llegan a las células de todo el cuerpo para su alimentación.

- **Venas**

    Son también conductos iguales a los anteriores, pero la sangre que transportan es de retorno o no oxigenada. La excepción es la vena pulmonar, que sí lleva sangre oxigenada.

    Por todo ello, los conductos que salen del corazón son arterias y los que entran son venas.

    Sangre

    La **sangre** es un **tejido líquido** circulante. En una persona normal, sana, el 45% del volumen de su sangre son células, glóbulos rojos (la mayoría), glóbulos blancos y plaquetas. Un fluido claro y amarillento, llamado plasma y que en su mayor parte es agua, constituye el resto de la sangre.

1.5. SISTEMA NERVIOSO.

Es el conjunto de tejidos y órganos formados por las **neuronas** y sus prolongaciones, y por la **neuroglía** o complejo de células gliales. "Neuro" significa nervio y "glía", pegamento. Tienen funciones de sostén y nutrición y reparan (no regeneran) las lesiones del S. Nervioso. Éste, globalmente, tiene la misión, entre otras, de recibir información y estímulos, canalizarlos, buscar respuestas y dar las órdenes de actuación. Es el que **regula** todo lo que hace el cuerpo. La unidad funcional del tejido nervioso es la célula, llamada **neurona**, que consta de:

- **Cuerpo** celular, que es donde se procesa la información.
- **Axón**, que es por donde la neurona manda la información. Está rodeado de una vaina de **mielina**.
- **Dendritas**, las encargadas de recibir la información.

La sinapsis, que es la relación funcional de contacto entre las terminaciones de las células nerviosas, es fundamental a la hora de transmitir la información.

En cuanto a su clasificación, distinguimos:

- Clasificación **anatómica**:
    - S. N. Central, que está constituido por el encéfalo (cerebro, cerebelo y bulbo) y médula espinal.
    - S. N. Periférico, formado por los nervios o vías sensoriales y motrices.
- Clasificación **funcional**:
    - S. N. Sensitivo, que actúa a nivel de oído, vista, tacto, gusto y olfato.

o S. N. Vegetativo o Autónomo, que regula las funciones vitales tales como el pulso, temperatura corporal, respiración, etc.

2. FISIOLOGÍA HUMANA IMPLICADA EN LA ACTIVIDAD FÍSICA.

Para la elaboración de la totalidad de este punto seguimos, fundamentalmente, a García Manso (1996), Bravo (1998), Ruiz (2000), Comes -coord.- (2000), Naranjo y Centeno (2000), Gal y otros (2001), Barbany, (2002), Guillén y Linares -coords.- (2002), Lloret (2003), Gómez Mora (2003), Torres (2005), Bernal -coord.- (2005a), Meri (2005), Guillén -coord- (2005), Gil (2006), Rigal (2006), Piñeiro (2006a), Piñeiro (2006b), Piñeiro (2007), (Maynar y Maynar, 2008), Rosillo (2010) Fernández del Olmo (2012), Calderón (2012), Córdova (2013) y Gutiérrez (2015).

Fisiología es la ciencia que estudia el funcionamiento del cuerpo humano. Se centra, pues, en los procesos, actividades y fenómenos de las células y tejidos de los organismos vivos, explicando los factores físicos y químicos que causan las funciones vitales.

Nuestro organismo está formado por un conjunto de palancas óseas capaces de moverse gracias a la acción de unos **motores** que se denominan **músculos**. El ordenador que guía los actos que propone nuestra voluntad es el **cerebro**, que ha sido programado por nuestra experiencia vivencial y la herencia genética de nuestros padres. La **energía** la obtenemos partiendo de lo que comemos y respiramos.

2.1. METABOLISMO MUSCULAR. FUENTES ENERGÉTICAS PARA LA ACTIVIDAD FÍSICA.

La energía necesaria para que el músculo se contraiga es suministrada al organismo por los alimentos que ingerimos, los cuales, una vez que han sufrido un proceso de transformación, se convierten en **A.T.P.**, que es el único producto capaz de provocar la contracción muscular. La célula muscular tiene la capacidad de obtener la energía por varios mecanismos que resumimos:

VÍA	SISTEMA	SUSTRATO	DURACIÓN-ESFUERZO
Anaeróbica alactácida	Fosfágenos	ATP-PC	Unos segundos (100 m. lisos) pero a máxima intensidad
Anaeróbica lactácida	Glucólisis anaeróbica	Glucosa	Hasta 1' (200 a 800 m. lisos) a máxima intensidad
Aeróbica	Oxidativo	Glucosa ácidos grasos	Más de 2' a ritmo medio (larga distancia)

2.2. LA RESPIRACION.

La respiración es un proceso que regula el oxígeno y el dióxido de carbono en sangre, en relación con el trabajo del organismo. Para conseguir este objetivo se asocian dos sistemas: respiratorio, realizando el intercambio gaseoso y el circulatorio como transportador de los gases (Guerrero, 2005).

El oxígeno que tomamos por boca o nariz pasa por una serie de conductos hasta llegar a los pulmones, donde ocupa el lugar que deja el CO_2 residual en la sangre. Estos "camiones" del O_2 son "**glóbulos rojos**" que lo transportan a todas las células del organismo por la "autopista" de las arterias y las vías secundarias capilares.

Cuando el oxígeno se ha quemado en la célula, el glóbulo rojo coge los productos residuales (CO_2) y los lleva a los pulmones donde los cambia por O_2 y se repite el proceso. El CO_2 es expulsado por la boca o nariz siguiendo la misma vía que el O_2, pero a la inversa.

No todo lo que comemos y respiramos es transformado en energía: los productos restantes van a parar al exterior por las **vías excretoras**.

2.3. EL CORAZÓN: RECORRIDO SANGUÍNEO Y RITMO CARDIACO.

El corazón es una **bomba** que tiene la función de dar la presión al sistema de tuberías (arterias y venas), que llevan el oxígeno, agua, hormonas, proteínas, vitaminas, elementos energéticos, defensas, etc., a las diversas partes del cuerpo que lo necesita. El miocardio se contrae y produce dos mecanismos contráctiles: **sístole** y **diástole**.

La sangre **circula** a través de todo el cuerpo por el interior de unos vasos denominados **venas** y **arterias**, e irá suministrando el O_2 a los músculos y cogiendo el CO_2 resultado del ciclo aeróbico. La sangre venosa vuelve al corazón y es bombeada de nuevo hacia los pulmones para dejar el CO_2 y reencontrar el O_2.

El **volumen** del corazón humano es variable. El niño tiene el corazón más pequeño que el adulto, mientras que el individuo entrenado lo tiene más grande que el sedentario.

La incidencia del esfuerzo sobre el volumen del corazón no es la misma, depende del ritmo cardiaco. Los esfuerzos anaeróbicos (más de 160 p/m.) amplían el **grosor** de la parte izquierda del corazón, los aeróbicos (entre 120 y 150 p/m.) aumentan el **volumen** de la cavidad.

2.4. LA CONTRACCIÓN MUSCULAR.

Para contraerse, los músculos necesitan que les llegue el impulso nervioso a la **placa motriz**, procedente del S.N.C., así como alimento y oxígeno suficiente. Cuando llega el impulso se libera una sustancia que se llama **acetilcolina**, provocando una despolarización iónica y dando lugar a la contracción de la fibra muscular.

El acortamiento de la fibra viene provocado por la actividad de unas sustancias (proteínas) musculares, denominadas **actina** y **miosina**, al recibir el impulso nervioso y utilizar la energía que da la ruptura de la molécula de ATP en ADP más P.

2.4.1. TIPOS DE TRABAJO MUSCULAR.

Distinguimos a los siguientes **tipos** de contracciones (Segovia y otros, 2009):

SEGÚN LA LONGITUD DEL MÚSCULO	Isométricas (sin modificación)	Anisométricas o Isotónicas (existe modificación)
SEGÚN LA TENSIÓN QUE SE GENERA DURANTE LA CONTRACCIÓN	Isodinámicas (tensión constante)	Alodinámicas (tensión variable)
SEGÚN LA VELOCIDAD DEL MOVIMIENTO EN LA CONTRACCIÓN	Isocinéticas (velocidad constante)	Heterocinéticas (velocidad variable)
SEGÚN LA DIRECCIÓN DEL MOVIMIENTO	Concéntricas (acortamiento muscular)	Excéntricas (alargamiento muscular)

También podemos **clasificar** las contracciones en función de dos parámetros (Segovia y otros, 2009):

SEGÚN EL MOVIMIENTO QUE SE PRODUCE	SEGÚN EL ORIGEN DE LA ORDEN
• Isométrica • Isotónica (Concéntrica y Excéntrica) • Pliométrica • Auxotónica • Isocinética	• Voluntaria (consciente) • Involuntaria (reflejo)

La forma en que el músculo genera **tensión** puede ser, como la contracción, muy variada. Cuadrado, Pablos y García (2006), resaltan dos grandes grupos: **Tónica** (mantenida) y **Fásica** (breve). A partir de aquí surgen numerosas variantes que se corresponden con los tipos de fuerza que se realice: explosivo-tónica, fásica-tónica, explosivo-balística, veloz-cíclica, etc.

2.4.2. FUNCIONES DE LOS MÚSCULOS.

Los músculos se agrupan con distintas funciones:

AGONISTA	SINERGISTA	ANTAGONISTA	FIJADOR
Es el músculo que ejecuta el movimiento. Es el que se contrae y se denomina también motor principal.	**Es el músculo ayudante o el que complementa la acción del agonista.**	**Es el que efectúa el movimiento contrario al agonista. Si el agonista se contrae, el antagonista se distiende.**	Es el que interviene anulando algunos segmentos. Así en el balanceo de las extremidades inferiores, el cuádriceps actúa al nivel de la articulación de la rodilla como músculo fijador

2.5. EFECTOS QUE PRODUCE LA ACTIVIDAD FÍSICA EN LA ANATOMÍA Y FISIOLOGÍA HUMANAS.

La actividad física crea unos efectos a varios niveles. Vemos los de tipo anatómico y fisiológico, pero también son importantes para nosotros los de tipo **psíquico** y **social**.

Siguiendo a Delgado y Tercedor (2002), Martín y Ortega (2002), Gómez Mora, (2003), Sánchez Bañuelos y García -coords.- (2003), Garrote y Legido (2005), Piñeiro (2006a), Piñeiro (2006b), así como a Rodríguez (2006), Contreras y García (2011) y Calderón (2012), destacamos:

- **Efectos sobre el sistema cardiovascular**
    - Mejora la circulación coronaria, evitando la concentración de grasa en sus paredes.
    - Mayor volumen cardiaco y menor frecuencia en reposo.
    - Menor incremento de la frecuencia mediante el ejercicio moderado.
    - Retorno más rápido de la frecuencia y de la presión sanguínea a la normalidad.
    - Mayor utilización del oxígeno de la sangre y tensión arterial más baja.

- **Efectos sobre el sistema respiratorio**
    - Los músculos respiratorios aumentan su eficiencia y mejora la difusión de los gases.
    - Incremento del volumen minuto respiratorio máximo.
    - Descenso en la frecuencia y aumento en la profundidad respiratoria.

- **Efectos sobre el sistema nervioso**
    - Aumento de la capacidad reguladora del sistema vegetativo y la situación de equilibrio del sistema vegetativo se desplaza hacia el tono parasimpático (vagotonía del entrenado).
    - Economía en los procesos metabólicos.
    - Mejora la rapidez de la conducción de estímulos a través de las fibras motrices.
    - Se perfeccionan los mecanismos de producción de impulsos y la coordinación de movimientos.

- **Efectos sobre el aparato locomotor**
    - Modificaciones en las estructuras de los huesos e hipertrofia de las masas musculares.
    - El aumento del número de capilares y del tamaño de la fibra, va acompañado de un progreso importante de fuerza.
    -

- **Efectos sobre la sangre**
  - Se crea un sistema estabilizador evitando la excesiva concentración de ácidos.

3. PATOLOGÍAS RELACIONADAS CON EL APARATO MOTOR. EVALUACIÓN Y TRATAMIENTO EN EL PROCESO EDUCATIVO.

3.1. RELACIÓN DEL CURRÍCULO CON LA ANATOMO-FISIOLOGÍA Y LA ACTIVIDAD FÍSICA SALUDABLE.

Establecemos la relación a través de los siguientes puntos:

a) **Aspectos generales**.

Alrededor del concepto sobre salud nace la educación para la salud, entendida como un proceso de información y responsabilidad del individuo, con el fin de adquirir hábitos, actitudes y conocimientos básicos para la defensa y la promoción de la salud **individual** y **colectiva** (Rodríguez García, 2006). Por lo tanto esta idea no es nueva, educación física-salud mantienen una relación histórica y ésta se acentúa significativamente a **partir del currículo LOGSE** -y se refrenda en el de la L. O. E. y L. E. A y LOMCE (ésta incide en el binomio actividad física diaria y pautas de alimentación saludable), no sólo por la alusión que hace a las CC. Clave, objetivos y contenidos del Área de Educación Física, sino por los de la propia Etapa, otras áreas y Temas Transversales (Garoz y Maldonado, 2004).

Es sabido que la educación para la salud es una tarea multidisciplinar, pero también debe involucrarse la propia familia a través de las A. M. P. A. (Rodríguez García, 2006). *"La educación para la salud es uno de los caminos más adecuados si se pretende instaurar en los niños de infantil, primaria y secundaria unos hábitos y un estilo de vida saludable"* M.E.C. y M. S. (2009).

En Andalucía, la O. 17/03/2015, indica en su Introducción que *"Proporcionar un estilo de vida saludable es un elemento esencial del área de Educación física. Es cierto que son muchos los beneficios que genera la sociedad del conocimiento, pero también ha sido pródiga en costumbres poco saludables desde la infancia, donde el sedentarismo y la obesidad pueden llegar a convertirse en problemas graves para la salud. Desde esta perspectiva, la Educación física ha de tratar de mantener el equilibrio entre actividad y reposo haciendo que la máxima "mens sana in corpore sano" siga teniendo validez. Por ello, la Educación física se debe centrar en plantear propuestas para el desarrollo de planos competenciales relacionados con la salud, y que tendrían como finalidad tanto la adquisición de hábitos saludables en virtud a una práctica regular de actividades físicas como una actitud crítica ante aquellas prácticas sociales ya asentadas o emergentes que resulten perjudiciales. Se trata de que cada alumna o alumno adquieran hábitos saludables que posibiliten sentirse satisfechos con su propia identidad corporal, la cual será vehículo de expresión y comunicación consigo mismo y con los demás"*.

En cualquier caso, no debemos olvidar lo expresado por la LOMCE/2013, en su disposición adicional cuarta sobre *"**promoción de la actividad física y dieta equilibrada**"*. "Las administraciones educativas adoptarán medidas para que la actividad física y la dieta equilibrada formen parte del comportamiento infantil y juvenil. A estos efectos, dichas Administraciones promoverán la **práctica diaria de deporte y ejercicio físico** por parte de los alumnos y alumnas durante la jornada escolar, en los términos y condiciones que, siguiendo las recomendaciones de los organismos competentes, garanticen un desarrollo adecuado para favorecer una **vida**

activa, saludable y autónoma. El diseño, coordinación y supervisión de las medidas que a estos efectos se adopten en el centro educativo, serán asumidos por el **profesorado con cualificación** o especialización adecuada en estos ámbitos".

b) **CC. Clave**
Competencias sociales y cívica, por cuanto la Educación física ayuda a entender, desarrollar y poner en práctica la relevancia del ejercicio físico y el deporte como medios esenciales para fomentar un estilo de vida saludable que favorezca al propio alumno, su familia o su entorno social próximo. Se hace necesario desde el área el trabajo en hábitos contrarios al sedentarismo, consumo de alcohol y tabaco, etc. La competencia social se relaciona con el bienestar personal y colectivo. Exige entender el modo en que las personas pueden procurarse un estado de salud física y mental óptimo, tanto para ellas mismas como para sus familias y para su entorno social próximo, y saber cómo un estilo de vida saludable puede contribuir a ello.
El área también contribuye en cierta medida a la adquisición de la **competencia en comunicación lingüística**, ofreciendo gran variedad de intercambios comunicativos, del uso de las normas que los rigen y del vocabulario específico que el área aporta.
Competencia digital, ya que los medios informáticos y audiovisuales ofrecen recursos cada vez más actuales para analizar y presentar infinidad de datos que pueden ser extraídos de las actividades físicas, deportivas, competiciones, etc. El uso de herramientas digitales que permitan la grabación y edición de eventos (fotografías, vídeos, etc.) suponen recursos para el estudio de distintas acciones llevadas a cabo.

c) **Objetivos de etapa.**
Por su parte, el la O. 17/03/2015, indica en el **objetivo de Etapa** "k", "*valorar la higiene y la salud, aceptar el propio cuerpo y el de los otros, respetar las diferencias y utilizar la educación física y el deporte como medios para favorecer el desarrollo personal y social*".

d) **Objetivos de área.**
El **objetivo nº 3 y 4 son los más concretos** en pronunciarse sobre la salud:

O.EF.3. Utilizar la imaginación, creatividad y la expresividad corporal a través del movimiento para comunicar emociones, sensaciones, ideas y estados de ánimo, así como comprender mensajes expresados de este modo.

O.EF.4. Adquirir hábitos de ejercicio físico orientados a una correcta ejecución motriz, a la salud y al bienestar personal, del mismo modo, apreciar y reconocer los efectos del ejercicio físico, la alimentación, el esfuerzo y hábitos posturales para adoptar actitud crítica ante prácticas perjudiciales para la salud.

e) **Contenidos.**
El **Bloque de contenidos nº 2**, "*La Educación física como favorecedora de la salud*", que está constituido por aquellos conocimientos necesarios para que la actividad física resulte saludable, contenidos para la adquisición de hábitos de actividad física a lo largo de la vida, como fuente de bienestar.

f) **Criterios de evaluación.**
En el R.D. 126/2014 también encontramos referencias a la salud en los criterios de evaluación, por ejemplo: "*5. Reconocer los efectos del ejercicio físico, la higiene, la alimentación y los hábitos posturales sobre la salud y el bienestar, manifestando una actitud responsable hacia uno mismo*".

g) Estándares de aprendizaje.

En el R.D. 126/2014 aparecen estos estándares relacionados con la salud:

5.1. Tiene interés por mejorar las capacidades físicas.
5.2. Relaciona los principales hábitos de alimentación con la actividad física (horarios de comidas, calidad/cantidad de los alimentos ingeridos, etc.).
5.3. Identifica los efectos beneficiosos del ejercicio físico para la salud.
5.4. Describe los efectos negativos del sedentarismo, de una dieta desequilibrada y del consumo de alcohol, tabaco y otras sustancias.
5.5. Realiza los calentamientos valorando su función preventiva.

El D. 328/2010, de 13 de julio, por el que se aprueba el Reglamento Orgánico de los colegios de educación infantil y primeria, BOJA nº 139, de 16/07/2010, indica en su artículo 29 *"la prevención de riesgos y la promoción de la seguridad y la salud como bien social y cultural"*.

Bernal -coord.- (2005), indica una serie de pautas a tener en cuenta el docente:

- Prever los riesgos durante las actividades propuestas.
- Conocer el estado inicial de cada escolar.
- Adecuarse a las peculiaridades de los mismos y no llegar a situaciones extremas.
- Revisar los recursos espaciales y materiales antes de su uso.
- Enseñarles a manipular los materiales.
- En cualquier sesión práctica no olvidar sus tres apartados y la relación entre el tiempo de trabajo y el de pausa.

Por otro lado, la utilización de TIC abre un abanico de posibilidades muy ricas, ofreciendo una motivación extra al alumnado (Archanco y García, 2006).

3.2. TIPOS DE PATOLOGÍAS.

Para la elaboración de la totalidad de este punto seguimos, fundamentalmente a Ávila (1990), Magraner (1993), V.V.A.A. (1997), (Cantó y Jiménez, 1997), Navas -coord.-, (2001), Rodríguez y Gusi -coords.- (2002), Delgado y Tercedor (2002), Benavente, Pascual y Rodríguez (2002), Pérez, Gimeno y Ortega (2002), Chaqués (2004), Rodríguez (2004), González y González (2004), Hernández y Velázquez (2004), Bernal -coord.- (2005b), Rodríguez García (2006), Gil (2006), De la Cruz (2006), Sainz y otros (2006), Miralles y Miralles (2006), Guten (2007), Arufe y otros (2009), Pastrana -coord.- (2009), Guillén y otros (2009), Rosillo (2010), Paredes et al. (2012) y Balius y Pedret (2013).

"**Patología**" es la parte de la medicina que estudia las enfermedades. Si hablamos de patología del aparato motor debemos incluir las **lesiones** ya que estas afecciones producen dolor, aunque no se traten de enfermedades específicas, tal como denota el término "patología". Por su parte, "enfermedad" es toda alteración más o menos importante de la salud.

El organismo de niñas y niños entre los seis y once años tiene unas **peculiaridades** que le hacen más sensible a ciertas patologías que el de la persona adulta. Por ejemplo, menos masa muscular, mayor flexibilidad, aparición del cartílago de crecimiento, estrés, inestabilidad emocional...

Podemos **dividir** en **dos grupos** estas patologías:

P. que surgen por brotes, con **poca afectación** en la capacidad de movimiento y **tiempo limitado**.	Alteraciones en el crecimiento: osteocondrosis y osteocondritis (Tema 4).
	Modificaciones en la estática y alineaciones en raquis, caderas, rodillas y pies: lordosis, varo, plano...
P. de **gran afectación** motriz, de carácter definitivo y/o que se **incrementan con el tiempo**.	Parálisis: monoplejía, etc.
	Enfermedades neuromusculares de etiología degenerativa: distrofia, etc. (Tema 4).

Las patologías referidas al aparato motor son muy numerosas, por lo que vamos a adecuar el volumen de información a las más corrientes expuestas de manera muy resumida, dadas las características del examen escrito. **Primero** veremos las **afecciones** referidas al raquis o columna y después nos detendremos brevemente en las caderas, rodillas y pies. **Posteriormente** nos referiremos a las **lesiones** más habituales del aparato motor.

Zagalaz, Cachón y Lara (2014), resumen en **cinco grupos** los **riesgos**: **físicos** (en muchos casos pueden revestir gravedad); **psicológicos** (por la presión de ganar); **motrices** (por la pobreza de movimiento que genera la falta de experiencia o especializarse en un solo deporte); **deportivo** (abandono por insatisfacción); **personales** (por exceso de tiempo dedicado al deporte que pueden llevar al fracaso escolar).

3.3. PATOLOGÍAS RELACIONADAS CON LA POSTURA CORPORAL.

a) **Columna vertebral**.

Casi la totalidad de las modificaciones posturales que tiene habitualmente el alumnado de Primaria es de etiología postural o "**actitud postural no estructurada** de la columna", es decir, que no afectan a la disposición de los elementos vertebrales y suelen corregirse fácilmente. Pero por otro está la **Escoliosis Asentada** o Verdadera. En el primer caso el tratamiento es eficaz casi en el 100% de los casos, pero en el segundo la solución es más difícil, si bien en las edades que contemplamos es menos frecuente encontrar una alteración grave, de tal forma que lo habitual es encontrarnos con problemas de desalineación y los defectos congénitos. Destacamos:

- **Híper Lordosis**: Es el aumento de la lordosis fisiológica. Puede ser congénita o constitucional, pero la más frecuente es la hiper lordosis de posición sin malformaciones y por incorrecto equilibrio de colocación en la pelvis (a menudo por una insuficiencia abdominal) y que se fija progresivamente.

- **Escoliosis**: Es toda desviación lateral del raquis, y que empieza a ser de cierta gravedad a partir de los 30^0.

- **Hiper Cifosis**: La vulgarmente llamada cifosis es una exageración o inversión de una curvatura antero-posterior. Este término abarca frecuentemente la cifosis dorsal, compensada a menudo por una Hiper lordosis lumbar.

- **Sacralización de la 5ª Lumbar**. Consiste en la fusión de la quinta vértebra lumbar con el hueso sacro.

- **Espina bífida oculta**. Es una apertura en uno o más huesos de la columna vertebral que no causa daño alguno a la médula espinal.

<u>Evaluación y tratamiento</u>. Debemos proceder con cautela y que sea el médico quien dicte la actuación. En algunos casos quien la padece se ve obligado a llevar corsé y éste no se puede quitar. En otras ocasiones sucede al contrario, si bien limita mucho la motricidad. Eso sí, casi siempre lo más recomendado es potenciar la zona dorsal y abdominal en piscina.

b) **Cadera y pelvis**.

La cadera es la región que se encuentra a ambos lados de la pelvis. Destacamos a:

- **Epifisiolisis de la cabeza del fémur**. Desplazamiento de la cabeza del fémur debido a una fractura del cartílago de crecimiento. Es un problema frecuente durante la infancia y adolescencia.

- **Enfermedad de Legg-Calvé-Perthes**. Localizada en la cadera donde se produce una debilidad progresiva de la cabeza del fémur y que puede provocar una deformidad permanente de la misma.

La pelvis es la región anatómica limitada por los huesos que forman la cintura pélvica, compuesta por la unión de los dos coxales (ilion, isquion y pubis) y el hueso sacro. Distinguimos a:

- **Plano frontal**. Desniveles pélvicos, bien por causa de una escoliosis, bien por diferencia de longitudes de los miembros inferiores, entre otras causas. Suele corregirse con un alza.
- **Plano sagital**. Anteversiones y retroversiones, que influyen sobre las curvaturas sagitales de la columna.

<u>Evaluación y tratamiento</u>. Debemos proceder con cautela y restringir la actividad física que implique la movilización de la zona. En todo caso, algunos tipos de actividades relacionadas con lanzamientos, expresión, etc. puede hacerse, pero siempre bajo consejo médico.

c) **Rodillas**.

Algunos alumnos presentan, ya desde pequeños, una serie de desviaciones que es necesario observar porque a esas edades es más fácil corregir ortopédicamente hablando:

- Desviaciones **antero posteriores**:

    o **Genuvaro**. Reconocido por la posición de las rodillas en "( )". Tienen varios centímetros de separación entre las caras internas de las rodillas.
    o **Genuvalgo**. Las rodillas tienen forma de "X". Es más común en mujeres y en hombres altos.

- Desviaciones **laterales**:

    o **Genu-recurvatum**. Reconocido por una hiperextensión de rodillas, debido a una laxitud articular.
    o **Genu-flexo**. La rodilla suele estar siempre con una leve flexión.

<u>Evaluación y tratamiento</u>. Debemos detectar cualquiera de estas anomalías para informar a la familia y que ésta acuda con su hija o hijo al especialista. Es fácil comprobarlo poniendo al alumnado de pie con las rodillas juntas y observándolo. También durante la carrera podemos hacerlo. El informe del médico será determinante para nuestra actuación.

d) **Pie**.

Es una zona con una patología muy amplia. Las alteraciones más comunes, son:

- **Pie Plano**. Es un hundimiento de la bóveda plantar, de más o menos importancia. Es fácil apreciar observando la huella del pie descalzo, por ejemplo, al salir de la ducha. Existen diversas variantes: fisiológico, falso, raquítico, valgo, congénito, etc.

- **Pie Cavo**. Se reconoce por la remarcada bóveda plantar. Hay dos tipos más fundamentales: fisiológico y patológico, que además se sub-divide en unilateral, traumático y patológico.

- **Otros.** En la bibliografía especializada figuran muchos más tipos, incluso los mismos aparecen con apelativos distintos. Señalamos al pie talo (bóveda muy exagerada); pie varo (apoyo con la parte externa del talón) y pie zambo (apoyo con toda la parte externa del pie).

<u>Evaluación y tratamiento</u>. Si lo detectamos debemos avisar a la familia. En general, el tratamiento de estas patologías, es fisioterapéutico y ortopédico.

3.4. LESIONES MÁS HABITUALES REFERIDAS CON EL APARATO MOTOR.

Una **lesión** es un cambio anormal en la estructura de una parte del cuerpo, producida por un daño externo o interno al realizar actividad físico-deportiva. Las lesiones producen una **alteración** en la **función** de aparatos, órganos y sistemas, trastornando la salud. Resumimos en la siguiente tabla las más habituales a nivel muscular, óseo y articular:

MUSCULAR	HUESO	ARTICULACIÓN
- Contusión o golpe - Agujeta: dolor post esfuerzo - Calambre: contracción involuntaria por sobre esfuerzo - Contractura: exceso de trabajo que produce dolor y tensión - Tendinitis: inflamación del tendón - Rotura (vulgo "tirón"): falta de continuidad en el tejido	- Periostitis: inflamación periostio o capa externa hueso, normalmente de la tibia - Fractura: pérdida de continuidad del tejido óseo. Algunas variedades.	- Luxación: pérdida de contacto de las superficies articulares - Esguince: torsión del ligamento. Son más habituales en tobillos y rodillas - Artritis: degeneración articular

<u>Evaluación y tratamiento</u>. Si lo detectamos debemos avisar a la familia. En general, el tratamiento a medio y largo plazo de estas patologías, es fisioterapéutico y ortopédico. Nosotros, dentro de nuestras limitaciones haremos una actuación de urgencia en primeros auxilios. La regla nemotécnica de "**FCERA**" (**f**río local; **c**ompresión de la zona

con vendaje; **e**levación del miembro lesionado para evitar la hinchazón o edema; **r**eposo; **a**tención médica), suele ser muy acertada en todos los casos.

Así pues, cualquier patología que se nos presente, por regla general, deberá ser evaluada por el médico, quien nos deberá dar unas pautas a seguir, **adaptando** las actividades que puedan ser contraproducentes. La operatividad de la familia es muy importante en estos casos.

CONCLUSIONES

En el tema hemos visto la importancia de la anatomía y fisiología en el desarrollo del alumnado. También hemos estudiado cómo la actividad física y deportiva, bien realizada, tiene unos efectos beneficiosos en el organismo infantil y juvenil. Por el contrario, esta actividad si se realiza en sitios o en condiciones inadecuadas, pone en riesgo la salud de los practicantes. De ahí surgen las lesiones musculares, tendinosas, articulares, etc.

El docente debe evaluar cada situación particular para adaptar el currículo según el caso. Aquí influye la colaboración de la familia y del médico especialista.

La Educación Física en las edades de escolarización debe tener una presencia importante en la jornada escolar si se quiere ayudar a paliar el sedentarismo, que es uno de los factores de riesgo identificados, que influye en algunas de las enfermedades más extendidas en la sociedad actual. Los niveles que la Educación Física plantea tienen que adecuarse al nivel de desarrollo de las alumnas y de los alumnos, teniendo siempre presente que la conducta motriz es el principal objeto de la asignatura y que en esa conducta motriz deben quedar aglutinados tanto las intenciones de quien las realiza como los procesos que se pone en juego para realizarla.

Por otro lado hay que resaltar el compromiso con el alumnado para crearles hábitos de salud a través de la alimentación, rehidratación, juego motor, etc.

BIBLIOGRAFÍA

- ARUFE, V.; MARTÍNEZ, Mª J..; GARCÍA SOIDÁN, J. L. (2009). *Entrenamiento en niños y jóvenes deportistas*. Wanceulen. Sevilla.
- AVILA, F. (1990). *Higiene y precauciones para la práctica del deporte en sujetos con alteraciones ortopédicas no invalidantes*. En RIVAS, J. -coord.-. *Educación para la salud en la práctica deportiva escolar*. Unisport. Málaga.
- AYUSO, J. L. (2008). *Anatomía funcional del aparato locomotor*. Wanceulen. Sevilla.
- BALIUS, R. y PEDRET, C. (2013). *Lesiones musculares en el deporte*. Panamericana. Madrid.
- BARBANY, J. R. (2002). *Fisiología del ejercicio físico y del entrenamiento*. Paidotribo. Barcelona.
- BENAVENTE, A. M.; PASCUAL, F. y RODRÍGUEZ, L. P. (2002). *Alteraciones y lesiones traumatológicas y ortopédicas deportivas del hombro y codo*. En RODRÍGUEZ, L. P. y GUSI, N. (Coords.). *Manual de prevención y rehabilitación de lesiones deportivas*. Síntesis. Madrid.
- BERNAL, J. A. -coord.- (2005a). *La nutrición en la educación física y el deporte*. Wanceulen. Sevilla.
- BERNAL, J. A. -coord.- (2005b). *Prevención de lesiones y primeros auxilios*. Wanceulen. Sevilla.

- BRAVO, J. (1998). *Fundamentos anatómico-fisiológicos del cuerpo humano aplicados a la Educación Física I y II*. Aljibe. Málaga.
- CALDERÓN, F. J. (2012). *Fisiología humana. Aplicación a la actividad física*. Panamericana. Madrid.
- CANTÓ, R. y JIMÉNEZ, J. (1997). *La columna vertebral en la edad escolar*. Gymnos. Madrid.
- CHAQUÉS, F. (2004). *Lesiones ligamentosas de tobillo en el niño*. En ROMERO, S. y PRADA, A. (coords.) *Lesiones deportivas en el niño y adolescente*. Wanceulen. Sevilla.
- COMES, M. (coord.) (2000). *El ser humano y el esfuerzo físico*. INDE. Barcelona.
- CONTRERAS, O. R. y GARCÍA, L. M. (2011). *Didáctica de la Educación Física. Enseñanza de los contenidos desde el constructivismo*. Síntesis. Madrid.
- CÓRDOVA, A. (2013). *Fisiología deportiva*. Síntesis. Madrid.
- CUADRADO, G.; PABLOS, C.; GARCÍA, J. (2006). *Aspectos metodológicos y fisiológicos del trabajo de hipertrofia muscular*. Wanceulen. Sevilla.
- DE LA CRUZ, B. (2006). *Lesiones por sobreuso en el niño deportista. Salud, deporte e infancia*. En Actas del IV Congreso "Deporte en edad escolar". P. M. D. Ayuntamiento de Dos Hermanas (Sevilla).
- DELGADO, M. y TERCEDOR, P. (2002). *Estrategias de intervención en educación para la salud desde la Educación Física*. INDE. Barcelona.
- FERNÁNDEZ DEL OLMO, M. A. (2012). *Neurofisiología aplicada a la actividad física*. Síntesis. Madrid.
- GAL, B. y Otros. (2001). *Bases de la Fisiología*. Tébar. Madrid.
- GARCÍA MANSO (1996). *Bases teóricas del entrenamiento deportivo. Principios y aplicaciones*. Gymnos. Madrid.
- GARROTE, N. y LEGIDO, J. C. (2005). *Actividad física-educación física-salud*. En GUILLÉN, M. (coord.) *"El ejercicio físico como alternativa terapéutica para la salud"*. Wanceulen. Sevilla
- GIL MORALES, P. A. (2006). *Primeros Auxilios en Animación Deportiva*. Wanceulen. Sevilla.
- GÓMEZ MORA, J. (2003). *Fundamentos biológicos del ejercicio físico*. Wanceulen. Sevilla.
- GONZÁLEZ, P. y GONZÁLEZ, J. (2004). *Lesiones deportivas del miembro superior*. En ROMERO, S. y PRADA, A. (coords.) *Lesiones deportivas en el niño y adolescente*. Wanceulen. Sevilla.
- GONZÁLEZ BADILLO, J. J. y GOROSTIAGA, E. (2002). *Fundamentos del entrenamiento de la fuerza*. INDE. Barcelona.
- GÓNZÁLEZ ITURRI, J. J. y otros (2009). *Columna vertebral y ejercicio físico*. En GUILLÉN, M. y ARIZA. L. *Las Ciencias de la Actividad Física y el Deporte como fundamento para la práctica deportiva*. U. de Córdoba.
- GUERRERO, S. (2005). *La relajación y la respiración*. Wanceulen. Sevilla.
- GUILLÉN, M. y LINARES, D. (2002). *Bases biológicas y fisiológicas del movimiento humano*. Médica Panamericana. Madrid.
- GUILLÉN, M. y OTROS (2009). *Lesiones deportivas en la infancia y en la adolescencia*. En GUILLÉN, M. y ARIZA. L. *Las Ciencias de la Actividad Física y el Deporte como fundamento para la práctica deportiva*. U. de Córdoba.
- GUTEN, G. (2007). *Lesiones en deportes al aire libre: descripción, prevención y tratamiento*. Desnivel. Madrid.
- GUTIÉRREZ, M. (2015). *Fundamentos de biomecánica deportiva*. Síntesis. Madrid.
- HERNÁNDEZ, J. L. y VELÁZQUEZ, R. (2004). *La evaluación en Educación Física*. Graó. Barcelona.
- HERRADOR, J. A. (2015). *Riesgos laborales en Educación Física: prevención de accidentes y lesiones*. Formación Alcalá. Jaén.
- JUNTA DE ANDALUCÍA (2007). *Ley 17/2007, de 10 de diciembre, de Educación de Andalucía (L. E. A.)*. B. O. J. A. nº 252, de 26/12/07.

- JUNTA DE ANDALUCÍA (2002). *Decreto 137/2002, de 30/04/02. "Plan de Apoyo a las Familias Andaluzas"*. B.O.J.A. nº 52 de 04/05/2002.
- JUNTA DE ANDALUCÍA (2006). *Orden de 15 de mayo de 2006, por la que se establecen las bases para impulsar la investigación educativa en los centros docentes públicos de la Comunidad Autónoma de Andalucía dependientes de la Consejería de Educación.*
- JUNTA DE ANDALUCÍA (2006). *Orden de 1 de septiembre de 2006, por la que se modifica la de 27 de mayo de 2005, por la que se regula la organización y el funcionamiento de las medidas contempladas en el plan de apoyo a las familias andaluzas relativas a la ampliación del horario de los Centros docentes públicos y al desarrollo de los servicios de aula matinal, comedor y actividades extraescolares.* B.O.J.A. nº 185, de 22/09/2006.
- JUNTA DE ANDALUCÍA (2007). *Resolución de 10/04/2007, de la D. G. de Innovación Educativa y Formación del Profesorado, por la que se aprueban Proyectos de Investigación Educativa y se conceden subvenciones.* B. O. J. A. nº 87 de 04/05/2007.
- JUNTA DE ANDALUCÍA (2010). *Decreto 328/2010, de 13 de julio, por el que se aprueba el Reglamento Orgánico de las escuelas infantiles de segundo grado, de los colegios de educación primaria, de los colegios de educación infantil y primaria, y de los centros públicos específicos de educación especial.* BOJA nº 139, de 16/07/2010.
- JUNTA DE ANDALUCÍA (2010). *Orden de 20 de agosto de 2010, por la que se regula la organización y el funcionamiento de las escuelas infantiles de segundo ciclo, de los colegios de educación primaria, de los colegios de educación infantil y primaria, y de los centros públicos específicos de educación especial, así como el horario de los centros, del alumnado y del profesorado.* BOJA nº 169, de 30/08/2010.
- JUNTA DE ANDALUCÍA (2015). *Orden de 17 de marzo de 2015, por la que se desarrolla el currículo correspondiente a la educación Primaria en Andalucía.* BOJA nº 60 de 27/03/2015.
- JUNTA DE ANDALUCÍA (2015). *Decreto 97/2015, de 3 de marzo, por el que se establece la ordenación y el currículo de la educación Primaria en la comunidad Autónoma de Andalucía.* BOJA nº 50 de 13/013/2015.
- LARA, M. J. (2008). *Biomecánica de la arquitectura muscular*. Wanceulen. Sevilla.
- LLORET, M. (2003). *Anatomía aplicada a la actividad física y deportiva*. Paidotribo. Barcelona.
- MAGRANER, X. (1993). *El niño, su cuerpo y la actividad física*. En VV. AA. *Fundamento de Educación Física para Enseñanza Primaria*. Volumen 1. INDE. Barcelona.
- MARTÍN, A. y ORTEGA, R. (2002). *Actividad física y salud*. En GUILLÉN, M. y LINARES, D. (coords.). *Bases biológicas y fisiológicas del movimiento humano*. Médica Panamericana. Madrid.
- MAYNAR, M. y MAYNAR, J. I. (2008). *Fisiología aplicada a los deportes*. Wanceulen. Sevilla.
- M.E.C. (2013). *Ley Orgánica 8/2013, de 9 de diciembre, para la mejora de la calidad educativa.* BOE Nº 295, de 10/12/2013.
- M.E.C. (2014). *R. D. 126/2014, de 28 de febrero, por el que se establece el currículo básico de la Educación Primaria.* B.O.E. nº 52, de 01/03/2014.
- M. E. C. (2006). Ley Orgánica 2/2006, de 3 de mayo, de Educación (L. O. E.). B. O. E. nº 106, de 04/05/2006, modificada en algunos artículos por la LOMCE/2013.
- *ECD/65/2015, O. de 21 de enero, por la que se describen las relaciones entre las competencias, los contenidos y los criterios de evaluación de la educación primaria, la educación secundaria obligatoria y el bachillerato.* B.O.E. nº 25, de 29/01/2015.
- MERI, A. (2005). *Fundamentos de fisiología de la actividad física y el deporte*. Médica Panamericana. Buenos Aires.
- NARANJO, J. y CENTENO, R. (2000). *Bases fisiológicas del entrenamiento deportivo*. Wanceulen. Sevilla.

- NAVAS, F. (Coord.). (2001). *Anatomía del movimiento y urgencias en el deporte*. Gymnos. Madrid.
- PAREDES, V. et al. (2012). *La readaptación físico-deportiva de lesiones*. Onporsport. Madrid.
- PASTRANA, R. -coord.- (2009). *Lesiones deportivas: mecanismo, clínica y rehabilitación*. Universidad de Málaga. Málaga.
- PÉREZ, J. A.; GIMENO, S. y ORTEGA, R. (2002). *Primeros auxilios y emergencias*. En GUILLÉN, M. y LINARES, D. (coords.). *Bases biológicas y fisiológicas del movimiento humano*. Médica Panamericana. Madrid.
- PIÑEIRO, R. (2006a). *La fuerza y el sistema muscular*. Wanceulen. Sevilla.
- PIÑEIRO, R. (2006b). *La resistencia y el sistema cardiorrespiratorio*. Wanceulen. Sevilla.
- PIÑEIRO, R. (2007). *La velocidad y el sistema nervioso*. Wanceulen. Sevilla.
- RIGAL, R. (2006). *Educación motriz y educación psicomotriz en Preescolar y Primaria*. INDE. Barcelona.
- RODRÍGUEZ, L. P. y GUSI, N. (2002). *Manual de prevención y rehabilitación de lesiones deportivas*. Síntesis. Madrid.
- RODRÍGUEZ, P. L. (2004). *La postura corporal: intervención en Educación Física escolar*. Universidad de Murcia. Murcia.
- RODRÍGUEZ GARCÍA, P. L. (2006). *Educación Física y Salud en Primaria*. INDE. Barcelona.
- ROSILLO, S. (2010). *Contraindicaciones. Plan educativo de adquisición de hábitos de vida saludable en la educación*. Procompal. Almería.
- RUIZ RODRÍGUEZ, L (2000). *Bases biológicas y fisiológicas del movimiento*. En ORTIZ, M. M. (coord.) *Comunicación y lenguaje corporal*. Proyecto Sur de Ediciones, S. L. Granada.
- SAINZ, P.; RODRÍGUEZ, P. SANTONJA, F. y ANDÚJAR, P. (2006). *La columna vertebral del escolar*. Wanceulen. Sevilla.
- SEGOVIA, J. C. (2009). *Pruebas de valoración de la contracción muscular*. En GUILLÉN, M. y ARIZA. L. *Las Ciencias de la Actividad Física y el Deporte como fundamento para la práctica deportiva*. U. de Córdoba.
- SÁNCHEZ BAÑUELOS, F. (2003). *El desarrollo de la competencia motriz en los estudiantes*. En SÁNCHEZ BAÑUELOS, F. y FERNÁNDEZ, E. -coords.-. *Didáctica de la Educación Física*. Prentice Hall. Madrid.
- TORRES, M. A. (2005). *Enciclopedia de la Educación Física y el Deporte*. Ediciones del Serbal. Barcelona.
- VV. AA. (1997). *Problemas de salud en la práctica física-deportiva. Actuaciones y Adaptaciones Curriculares*. Wanceulen. Sevilla.

WEBGRAFÍA (Consulta en octubre de 2015).
http://www.agrega2.es
http://recursos.cnice.mec.es/edfisica/
http://www.ite.educacion.es/es/recursos
www.juntadeandalucia.es/educacion/descargasrecursos/curriculo-primaria/index.html
http://www.guiaderecursos.com/webseducativas.php
http://www.adideandalucia.es